D1844020

Inge Wolff

Geldgeschenke und Gutscheine

phantasievoll gestalten

ENGLISCH VERLAG

Die Deutsche Bibliothek – CIP-Einheitsaufnahme
Geldgeschenke und Gutscheine: phantasievoll gestalten / Inge Wolff. – Wiesbaden: Englisch, 2000
ISBN 3-8241-1010-5

© by Englisch Verlag GmbH, Wiesbaden 2000
ISBN 3-8241-1010-5
Alle Rechte vorbehalten. Nachdruck, auch auszugsweise, verboten.
Titelfoto: Frank Schuppelius
Printed in Spain

Das Werk und seine Vorlagen sind urheberrechtlich geschützt, jede Verwertung oder gewerbliche Nutzung der Vorlagen und Abbildungen ist verboten und nur mit ausdrücklicher Genehmigung des Verlages gestattet. Dies gilt insbesondere für die Nutzung, Vervielfältigung und Speicherung in elektronischen Systemen und auf CDs. Es ist deshalb nicht erlaubt, Abbildungen und Bildvorlagen dieses Buches zu scannen, in elektronischen Systemen oder auf CDs zu speichern oder innerhalb dieser zu manipulieren.

Die Ratschläge in diesem Buch sind von der Autorin und dem Verlag sorgfältig erwogen und geprüft, dennoch kann eine Garantie nicht übernommen werden. Eine Haftung der Autorin bzw. des Verlages und seiner Beauftragten für Personen-, Sach- und Vermögensschäden ist ausgeschlossen.

Inhaltsverzeichnis

FÜR
EINEN
TRAUM-
URLAUB
200

Vorwort

Finden Sie nicht auch, dass der Geldschein im Kuvert oder ein Gutschein zwar nützliche aber auch nüchterne Geschenke sind? Etwas ganz anderes ist es, wenn Sie Ihren Gutschein selbst basteln und ihm damit eine ganz persönliche Note geben. Damit zeigen Sie dem Beschenkten, dass Sie sich – abgesehen von dem Geschenk – auch noch Mühe für ihn gegeben haben. Einen einfallsreichen Gutschein stellt man bestimmt noch lange Zeit ins Regal und erinnert sich so an das Präsent. Manche der vorgestellten Geschenke lassen sich in einen Briefumschlag stecken und verschicken, so dass Sie auch über weite Entfernungen Freude bereiten können!

Für die Gutscheine und Geldgeschenke habe ich ganz unterschiedliche Bastelmaterialien verwendet, oftmals Papierreste oder Geschenkband, das Sie bestimmt immer im Haus haben. Die pfiffigen Beigaben erhalten Sie in Geschenkartikelgeschäften bzw. -abteilungen großer Kaufhäuser, im Hobbyfachhandel oder in Spielwarengeschäften.

Die Vorschläge sind ganz einfach und schnell nachzuarbeiten, oft brauchen Sie nur wenige Handgriffe dafür. Sie können auch Ihre eigenen Ideen entwickeln und die „Verpackungen“ nach Ihren Vorstellungen abwandeln.

Viel Spaß beim Nacharbeiten und Verschenken wünscht Ihnen

Inge Wolff

Schöne Geschenkideen

Glückskäfer

Dieser Käfer ist ein Geldgeschenk und gleichzeitig wünschen Sie damit Glück. Marienkäfer gibt es in vielfacher Ausführung im Hobbyfachhandel, in Karten- und Geschenkartikelgeschäften.

Sie benötigen:

- 1 Geldschein nach Wahl
- je 1 Rest Wellpappe
- 1 Rest Karton
- 1 Streifen Papier
- 1 Glückskäferspardose
- 1 kleinen Marienkäfer
- Ringelband
- ca. 70 cm Geschenkband, 2 cm breit
- 1 selbstklebendes Herz
- Klebstoff, Schere
- Filzstift
- Klebekissen (-pads)

Befestigen Sie die kleine Spardose mit einigen Klebekissen (-pads) auf der Wellpappe. Dieser bekommt zusätzlich Festigkeit durch ein Stück gegengeklebten Karton. Den Papierstreifen mit dem Text und den zusammengerollten Geldscheinen stecken Sie einfach in den Schlitz der Spardose, eine zusätzliche Befestigung ist nicht nötig.

Binden Sie jetzt die Schleife um die Wellpappe, kleben Sie das selbstklebende Herzchen auf den Textstreifen und den Marienkäfer auf das Ringelband. Knoten Sie das bereits mit einer Schere geringelte Band um den Geldschein und kleben dann den kleinen Käfer mit einem Stück rundgeschnittenen Klebekissen (-pad) auf dem Karton fest. So bleibt der Geldschein unversehrt.

Viel Glück
beim Aussuchen!

Vitaminstoß

Sie benötigen:

- 1 kleine Holzkiste (Hobbyfachhandel oder Spielwarengeschäft)
- Strohhalme mit Wabenfrüchten (Partyzubehör)
- 1 Rest Filz (oder Seidenpapier)
- 1 Rest roten Karton, 1 Streifen grünes Papier
- 1 Holzstäbchen
- Abreibebuchstaben (oder andere)
- Heißklebepistole (oder klar trocknender Klebstoff)
- Schere

Dieses ist ein „Doppelgutschein“: Gesundheit und Zeitersparnis gleichzeitig. Die kleine Holzkiste wird mit einem Stück Filz ausgelegt und mit Papierfrüchtchen gefüllt. Diese gibt es als Strohhalmverzierungen im Partyartikelsortiment. Lösen Sie sie von den Halmen ab, schieben die Blätter ineinander und verkleben Sie die einzelnen Früchte mit einem Tropfen Heißkleber (oder anderem klar trocknenden Klebstoff) untereinander und am Rand der Kiste. Genauso wird auch der beschriftete Apfel (siehe Musterzeichnung) mit einem kleinen Holzstab hinten am Kistchen verklebt.

Mäuse für irgendwas

Sie benötigen:
- Geldscheine nach Wahl
- 1 Spielzeugmaus
- 1 Bogen Wellpappe
- 1 Rest Wellpappe (für Herz und Streifen)
- selbstklebende Buchstaben
- ca. 0,60 m Geschenkkordel
- Klebekissen (-pads), Fotoklebestücke
- Schere

Es muss nicht unbedingt, wie hier im Muster, eine Spielzeugmaus aus Holz sein, der Sie die gerollten Geldscheine an den Schwanz binden. Ein „Tierchen“ aus anderem Material kann genauso wirkungsvoll sein. Zum Befestigen auf der Karte eignen sich Klebekissen (-pads). Das Herz und der beschriftete Wellpappestreifen sind mit Fotoklebestücken platziert. Auf Wellpappe verwenden Sie am besten selbstklebende Buchstaben. Wählen Sie ein anderes Grundmaterial, können sie dies auch anders beschriften.

CD

Sie benötigen:

- 1 Leerhülle für CD
- 1 Rest Karton
- 1 Rest (Hologramm-)Silberfolie
- selbstklebende Buchstaben
- ca. 1 m Geschenkband, 1,5 cm breit
- 2 selbstklebende Herzchen

Ein „Blitzgeschenk“, das dem persönlichen Musikgeschmack einer oder eines Beschenkten keine Grenzen setzt. Leerhüllen für CDs gibt es in jedem Musikshop und entsprechenden Abteilungen großer Kaufhäuser.
Schneiden Sie nach den Umrissen einer „echten“ CD (oder nach der Musterzeichnung) eine CD aus Karton aus.
Bekleben Sie diese mit der Hologrammfolie und dem Text. Einlegen, Geschenkband drum, selbstklebendes Herzchen drauf … und fertig.

Sommerschuhe

Sie benötigen:

- Geldscheine nach Wahl
- 1 Paar Espandrilles
- (Zeitungs-)Papier zum Ausstopfen
- 1 gedrahtetes Herz (Hobbyfachhandel) oder Papier und Draht
- Abreibebuchstaben (oder andere)
- Stoffblüten und Früchte (Hobbyfachhandel)
- ca. 0,80 m Geschenkband, 2,5 cm breit
- ca. 1,50 m Geschenkband, 3 mm breit
- Floristenband oder Krepppapier
- 1 dicke Stopfnadel, Schere, Seitenschneider

Die Espandrilles dienen nicht nur als Grundstock für dieses ausgefallene Geschenk, sie können später auch noch getragen werden. Das schmale Geschenkband ist mit einer dicken Stopfnadel durchgezogen. So können Sie die zusammengerollten Geldscheine einfach mit einer Schleife festbinden. Stopfen Sie den so dekorierten Schuh mit (Zeitungs-) Papier aus, legen Sie gegebenenfalls ein Stück „ansehnliches" Geschenkpapier zum Abdecken darüber und binden Sie die beiden Schuhe mit Geschenkband zusammen.
Arrangieren Sie nun aus dem beschrifteten Herz, einigen Seidenblumen und kleinen Früchten einen länglichen Strauß. Wenn Sie öfter Trockengestecke anfertigen, entsteht ein ansehnliches Produkt aus „Resteverwertung". Kaufen Sie dann am besten die Schuhe in einer Farbe, die zu Ihren Resten passt. Umwickeln Sie die Stiele mit Floristenband oder Krepppapier und stecken Sie den Strauß in den ausgestopften Schuh.

Auto

Sie benötigen:
- Geldscheine nach Wahl
- 3 Radiergummi-Autos (Hobby- oder Schreibwarenfachhandel) oder andere Miniaturautos
- 1 Stück Moosgummi
- 1 Stück sehr starken Karton
- 3 Streifen Papier
- Abreibebuchstaben (oder andere)
- ca. 3 m Ringelband
- Heißklebepistole, Klebstoff
- Schere (Cutter)

Es gibt Texte, die auch als Frage eine deutliche Aussage sind. Es wird keinen Zweifel darüber geben, wofür dieses Geld gedacht ist. Die kleinen Autos sind Radiergummis. Die Geldscheine sind nur untergeschoben, nicht geklebt.
Der Untergrund ist eine mit sehr festem Karton verstärkte Moosgummi-Platte. Die Autos sind mit der Heißklebepistole und in einem Arbeitsgang mit den Schriftstreifen aufgeklebt. Testen Sie also vorher die genaue Position!
Die Schrift ist hier mit Abreibebuchstaben erstellt. Sie können genausogut selbstklebende Buchstaben verwenden oder den Text per Hand schreiben. Als letztes wird das Ringelband gebunden.

Taschengeld

Selbst wenn Jeans extrem lange ihren Dienst tun und besonders Jugendliche sie am liebsten mit Löchern tragen, irgendwann ist auch die heißgeliebte Jeans „am Ende“. Dann eignet sie sich hervorragend für ein verblüffend einfaches und trotzdem witziges Geldgeschenk.

Sie benötigen:

- 1 alte Jeans
- Geldscheine nach Wahl
- (Zacken-)Schere
- Ringelband
- Fotoklebestücke, evtl. Stoffkleber
- Filzstift
- 1 Karte oder Karton

Für das zusätzliche, bestimmt immer willkommene Taschengeld schneiden Sie aus einer alten Jeans die Tasche heraus. Wenn Sie dafür eine Zackenschere verwenden, kann der Stoff nicht ausfransen. Kleben Sie dann die fächerförmig übereinander gelegten Geldscheine mit einigen Fotoklebestücken in der Tasche fest. Binden Sie einen zusammengerollten Geldschein mit einer Schleife an der Gürtelschlaufe fest.
Eine Kartenaufschrift ist am leichtesten vor dem Aufkleben auf einer Karte zu platzieren, weil die dicken Nähte sonst beim Schreiben etwas stören. Den Stoff können Sie entweder mit Fotoklebestücken auf der Karte befestigen – dann ist er wieder ablösbar – oder mit Stoffkleber aufbringen.

Tipp: Voraussichtlich werden Sie für diese Collage eine Jeans zerschneiden, die wunderschöne große Löcher hat. Wenn eines davon etwa in der Mitte eines Hosenbeines klafft, sollten Sie sich davon auf keinen Fall trennen. Sie können daraus ein „Schnellgeschenk“ für eine neue Jeans entstehen lassen.

Chinesisches Essen

Über solch einen kulinarischen Gutschein wird sich jeder Fan der asiatischen Küche freuen. Die Herstellung ist genauso unkompliziert wie die Erfüllung des Versprechens, denn der Gutschein lässt sich auch mit einer Einladung in ein chinesisches Restaurant einlösen.

Sie benötigen:

- 1 kleinen Fächer
- 1 Papierserviette
- 2 Stäbchen
- selbstklebende Buchstaben
- Fotoklebestücke
- 2 Klebekissen (-pads)
- 1 Bogen Karton DIN A4

Die Papierserviette ist mit doppelseitigen Fotoklebestücken auf dem Karton befestigt, weil Klebstoff durch das dünne Papier zu sehen wäre. Der Fächer und die Stäbchen sind mit Klebekissen angebracht. Für die Schrift wurden selbstklebende Buchstaben verwendet, Sie können aber auch Abreibebuchstaben nehmen oder die Karte mit Filzstift beschriften.

Tipp: Wenn Sie selbstklebende Buchstaben nehmen, leistet eine Pinzette beim Anbringen gute Dienste.

Sprachkurs

Über dieses Geschenk wird sich jeder freuen, der eine Sprache lernen will. Sie können auch einen Gutschein für eine andere Landessprache basteln, dann müssen Sie nur die Flaggenfarben ändern.

Sie benötigen:

- 1 Klappkarte
- Glanzpapier (den Landesfarben und der Farbe der Karte entsprechend)
- 1 Lilliput-Wörterbuch (im Buchhandel)
- 1 Spielzeuglupe (Spielzeughandel)
- 1 Papierrest
- 1 Zahnstocher
- 3 Papierstreifen
- selbstklebende (oder Abreibe-) Buchstaben bzw. Filzstift
- Klebekissen (-pads)
- Klebstoff, Schere

Die Karte wird in den Landesfarben zusammengestellt. Je nachdem, welche Farbe Ihre Blanko-Karte hat, kleben Sie die beiden anderen aus Buntpapier darauf.
Ebenso gestalten Sie das Fähnchen, das um einen Zahnstocher herumgeklebt wird. Die kleine Lupe und das Wörterbuch sind mit Klebekissen (-pads) auf der Karte befestigt, die Fahne und die beschrifteten Papierstreifen mit Klebstoff. Für die Schrift eignen sich selbstklebende (oder Abreibe-) Buchstaben. Sie können die Karte aber auch mit Filzstift beschriften.

Zeitungsabo

Die Herstellung dieses Gutscheins ist zwar sehr preiswert, kostet aber etwas Zeit.

Sie benötigen:

- einige alte Tageszeitungen, Magazine oder Werbeeinlagen
- 2 Aktendeckel
- selbstklebende Buchstaben
- ca. 80 cm Kordel
- Klebstoff, Schere oder Cutter
- Klebstreifen

Die äußere Hülle besteht aus Zeitungsstreifen, die um einen einfachen Aktendeckel geklebt und geflochten werden. Sie brauchen 41 einspaltig geschnittene, etwa 1,8 cm breite Streifen aus einer Tageszeitung, die Sie jeweils zweimal nach innen falten.

Falten Sie den Aktendeckel in der Mitte, öffnen Sie ihn wieder und kleben Sie die Streifen in der Querrichtung um den Pappdeckel. Knicken Sie dafür einen Streifen einige Zentimeter um den Rand des Kartons, kleben Sie dieses Stück auf der Innenseite mit Klebestreifen fest und legen ihn dann locker um den zusammengeklappten Aktendeckel. Diese Vorgehensweise ist deshalb wichtig, weil die Streifen sonst später beim Zusammenklappen zu wenig Spielraum haben.

Befestigen Sie das zweite Ende des Zeitungsstreifens ebenfalls mit Klebestreifen auf der anderen Innenseite und achten Sie darauf, dass bei allen Streifen, die Sie auf diese Weise nacheinander befestigen, der zweite Falz immer in einer Richtung liegt. Das erleichtert Ihnen den nun beginnenden Flechtvorgang. Kleben Sie nach jedem Durchziehen die überstehenden Streifenenden nach innen. Unregelmäßigkeiten auf der Innenseite werden durch den später gegengeklebten zweiten Aktendeckel völlig verdeckt.

Bevor Sie den Aktendeckel befestigen, schneiden Sie an beiden Längsseiten jeweils 2 mm mit einem Cutter oder einer Schere ab. Klappen Sie die beiden ineinander gelegten Pappdeckel während des Trocknens des Klebstoffs unbedingt zusammen, damit sie sich nicht verziehen.

Nun können Sie auf „Buchstabensuche“ gehen. Schneiden Sie aus alten Zeitungen und Magazinen Buchstaben für den Innentext (FÜR EIN ZEITUNGSABO) aus. Auch Werbebeilagen in Tageszeitungen sind gute „Fundstellen“. Kleben Sie die einzelnen Teile auf der Innenseite fest, platzieren Sie das Wort „Gutschein“ mit selbstklebenden Buchstaben auf der Vorderseite und geben Sie der fertigen Mappe mit einer Kordel oder einem Stück Band den letzten Pfiff.

Selbstklebende Buchstaben sind im Dekorationsfachhandel einzeln erhältlich. Sie können natürlich auch dafür Buchstaben aus Zeitungen nehmen oder sie aus Karton ausschneiden (siehe Musterzeichnung).

GUTSCHEIN

Kaffeegeschirr

Ein neues Kaffeegeschirr sollte man sich selbst aussuchen können. Der Gutschein dafür ist leicht und schnell hergestellt.

Sie benötigen:

- Geldscheine nach Wahl
- 1 Plastikkaffeegeschirr (Puppenzubehör)
- ca. je 1 m Ringelband in Rot, Blau und Gelb
- gemusterten Karton (oder weißen zum Bemalen)
- Zierdraht
- Schere
- Filzstift

Kleben Sie die Teile des Plastikkaffeegeschirrs mit Klebekissen (-pads) aufeinander. Die zusammengerollten Geldscheine können Sie mit Fotoklebestücken befestigen. Falten Sie den Geldschein in Längsrichtung ziehharmonikaartig in schmale Streifen, wickeln Sie dann in der Mitte den Draht herum und kleben Sie die beiden letzten Falten an jeder Seite mit einem Fotoklebestück zusammen. Der zur Rosette gefaltete Schein wird mit dünnem Draht am Tassenhenkel befestigt.

Mit einigen Stücken farblich passendem Ringelband und entsprechendem Karton für das Herz (siehe Muster) vervollständigen Sie Ihr Geschenk.

Ferngespräche

Dieses Telefon ist ein nützliches Geldgeschenk und zugleich ein Gutschein, der jedem Freude bereiten wird. Zudem haben Sie diese Idee ganz schnell nachgebastelt.

Sie benötigen:

- Geldschein nach Wahl
- 1 Spielzeugtelefon
- 1 Rest dünnen Fotokarton
- reflektierendes Glanzband
- Schleifenband
- verschiedenfarbige Geschenkkordel
- Schere, Klebstoff

Öffnen Sie das Plastiktelefon und legen Sie den Geldschein so hinein, dass man ihn von außen gut sehen kann. Beschriften Sie den Gutschein und kleben Sie das reflektierende Glanzband am Rand auf. Die Ecken sollten Sie erst nach dem Aufkleben zurechtschneiden. Zuletzt werden der Gutschein zusammen mit der Kordel und dem Schleifenband an der Antenne befestigt.

Urlaub und Freizeit

Ferien

Sie benötigen:
- Geldscheine nach Wahl
- 1 teilbare Plexiglaskugel (Hobbyfachgeschäft)
- Knetgummi / Fimo in Rot, Weiß, Schwarz, Gelb
- Vogelsand (Kleintierbedarf)
- Muscheln verschiedener Größe
- Staubgefäße für künstliche Blumen (Hobbyfachgeschäft)
- 1 Bogen „Wasserpapier“ (Modellbauzubehör)
- 1 Stück festen Karton
- selbstklebende Buchstaben
- Klebstoff, Klebekissen (-pads)
- Schere, Cutter

Dieses Geldgeschenk ist nicht nur von der „Spende“ her ein großzügiges Geschenk. Es erfordert auch etwas Geduld. Der Leuchtturm ist aus Knetgummi / Fimo selbstgeformt. Das ist die aufwendigste Arbeit.
Schütten Sie danach etwas Vogelsand in die Plexi-Kugel, platzieren Sie den Leuchtturm hinein und dekorieren Sie noch etwas mit Muscheln und „Strandhafer“ (Blütenstaubgefäße). Setzen Sie dazu die geöffnete Kugel auf eine entsprechend große Schüssel oder Suppentasse. So haben Sie beide Hände zum Arbeiten frei.
Für den Untergrund setzen Sie ein „Knetgummibett“, das der Form der Kugel angepasst ist, auf ein Stück stabilen Karton. Befestigen Sie es mit Klebstoff, ehe Sie das „Wasser“ darüberlegen. Dieses wird nur an 8 Stellen mit jeweils einem Klebekissen (-pad) am Karton festgeklebt. So entsteht die unregelmäßige Oberfläche. Außerdem haben Sie jetzt genügend Hohlräume, in die Sie die zusammengefalteten Geldscheine einfach einschieben können. Ritzen Sie dazu das Wasser-

papier an den entsprechenden Stellen mit einem Cutter vorsichtig in der notwendigen Breite ein.

Platzieren Sie nun in die Mitte der Knetgummivertiefung einige Klebekissen (-pads) und setzen Sie die geschlossene Kugel darauf. Drücken Sie dabei das Lochende, was eigentlich zum Aufhängen gedacht ist, durch das Papier in das Knetgummi ein. Diese Stelle wird anschließend mit einer kleinen Muschel versteckt. Für die Schrift auf der größeren Naturmuschel eignen sich selbstklebende Buchstaben. Sie können die Beschriftung jedoch auch freihand vornehmen.

Reise

Sie benötigen:

- Geldscheine nach Wahl
- Holzeisenbahnteile nach Wahl (Spielzeugfachhandel)
- 1 Stück festen Karton
- 1 Teil einer Landkarte
- 1 Rest Zeichenkarton
- ca. 1,10 m Geschenkband, 4 mm breit
- selbstklebende Buchstaben (oder andere)
- 2 selbstklebende Herzchen
- Klebstoff, Klebekissen (-pads)
- Schere

Die Teile für den kleinen Holzzug gibt es einzeln zu kaufen (Spielzeugfachhandel). Wenn Sie wollen, können Sie also auch mehrere Wagen anhängen oder nur die Lokomotive nehmen.

Bekleben Sie als erstes ein Stück festen Karton mit dem Ausschnitt aus einer Landkarte. Der Zug lässt sich mit einigen Klebekissen (-pads) unter den hinteren Rädern leicht befestigen. Die Geldscheine auf den Waggons sind mit Ringelband festgebunden. Der eine Schein in der Lokomotive ist nur in das vorhandene Loch eingesteckt.

Die „Rauchfahne" aus hellblauem Zeichenkarton können Sie nach der Skizze ausschneiden. Jede Form der Beschriftung ist möglich. Ich habe selbstklebende Buchstaben und zwei ebensolche Herzchen genommen. Befestigen Sie das untere Stück zur Sicherheit erst mit einem Klebekissen (-pad), ehe Sie die Schleife drumherumbinden.

USA-Urlaub

Sie benötigen:

- Amerikanische Währung nach Wahl
- 2–3 Amerikanische Zeitungen (Kiosk, Bahnhof, Flugplatz)
- 1 Bogen Karton DIN A4
- ca. 0,80 m Geschenkband, 4 cm breit
- 1 Rest Ringelband
- Fotoklebestücke, Klebekissen (-pads)
- Schere

Um dieses Geschenk herstellen zu können, müssen Sie nicht in die USA fliegen. Lediglich die Beschaffung der Münzen wird dann „Umhörsache". Dollarscheine bekommen Sie bei jedem Geldinstitut, die Zeitungen am internationalen Kiosk (besonders günstig: Bahnhofs- und Flugplatzbuchhandlungen). Schneiden Sie erst die Stellen, die Ihnen am verwertbarsten erscheinen, aus den Zeitungen aus. Binden Sie dann den Rest mit einer Schleife zu einer dicken Rolle zusammen. Daran binden Sie später den fertigen DIN-A4-Bogen fest. (Einfach oben in der Mitte lochen.) Kreieren Sie aus den Zeitungsausschnitten, Dollarnoten (falls vorhanden auch Münzen) und Ihrem Text eine asymmetrische Collage. Befestigen Sie die Geldscheine und Zeitungsausschnitte mit Fotoklebestücken, eventuell vorhandene Münzen mit Klebekissen (-pads). Mit einem Rest Ringelband knoten Sie den fertigen Bogen an die Zeitungsschleife.

Kino

Wenn Sie eine schnell umsetzbare Geschenkidee suchen, eignet sich dieser Gutschein sehr gut. Die Popcorntüte ist im Handumdrehen mit dem Papierband umwickelt!

Sie benötigen:

- 1 Tüte Popcorn
- ca. 1,50 m Papierband
- Kinoanzeigen (Tageszeitung)
- Fotoklebestückchen
- Klebekissen (-pads)
- Filzschreiber, Schere

Beschriften Sie das Band vor dem Umwickeln und kleben Sie es nur sporadisch mit wenigen Klebekissen (-pads) an der Popcorntüte fest. Die ausgeschnittenen Kinoanzeigen werden erst danach mit Fotoklebestückchen – Klebstoff schlägt bei Zeitungspapier leicht durch – auf dem Papierband befestigt. So können Sie schneller und exakter bestimmen, welche Filme auf der Vorderseite zu sehen sind. Wenn Ihnen das nicht wichtig ist, können Sie ebensogut die Anzeigen vor dem Umwickeln der Tüte befestigen.
Falls Sie kein in Breite und Farbe passendes Papierband zur Hand haben, können Sie auch entsprechende Streifen aus Geschenkpapier schneiden und zusammenkleben, um die notwendige Länge zu erhalten.

Urlaub in Spanien

Am leichtesten ist dieses Geldgeschenk herzustellen, wenn Sie selbst Spanienurlauber sind und von Ihrem letzten Aufenthalt dort einige Münzen mitgebracht haben. Diese können auf der Karte aber auch fehlen, ohne dass die Wirkung beeinträchtigt wird.

Sie benötigen:

- Spanische Geldscheine (Sortenkasse bei Banken und Sparkassen)
- Spanische Münzen
- Krug, Gitarre, Hut (Puppenstubenzubehör)
- Briefkarte
- Geschenkband, 3 mm breit (entfällt, wenn keine Münze mit Loch zur Hand ist)
- Klebstoff, Schere
- Fotoklebestücke, Klebekissen (-pads)
- Filzstift

Kleben Sie auf einer Briefkarte die Geldscheine mit Fotoklebestücken fest, ebenso die kleine Gitarre auf den Scheinen. So können diese ohne Beschädigung vorsichtig wieder abgelöst werden. Die anderen Teile sind mit Klebekissen (-pads) befestigt und so platziert, dass sie neben den Geldscheinen kleben. Die Lochmünze ist ohne Befestigung auf das schmale Band gezogen und wird dadurch gehalten, dass das Band ober- und unterhalb des Scheins festgeklebt wird.

Beschriften Sie die Karte, bevor Sie den kleinen Krug, die Gitarre und den Minisombrero festkleben. Mit etwas Glück finden Sie diese Teile als „Dreiersortiment“, ansonsten gibt es die einzelnen Teile im Hobbyfachhandel mit Puppenstubenzubehör oder im entsprechenden Fachhandel zu kaufen.

Traumurlaub

Diese Collage erfordert etwas Geschick und einigen Zeitaufwand. Dafür ist sie aber eine sehr ausgefallene Geldgeschenk-Idee, die bestimmt viel Freude bereitet.

Sie benötigen:

- Geldscheine nach Wahl
- Palmen, Sonnenschirm, Giraffe, Früchte, Fähnchen (Party-Zubehör)
- 1 Puppenliegestuhl
- 1 kleine Sonnenbrille (Brosche)
- festen Karton
- 1 Blatt Schmirgelpapier
- 1 Blatt „Rasen“ (Eisenbahnmodellbau)
- 1 Blatt „Wasser“ (Eisenbahnmodellbau)
- Streumaterial „Rasen“ (Eisenbahnmodellbau)
- 1 Stange Knetmasse
- doppelseitiges Bastelklebeband
- Heißklebepistole
- Schere
- Steinchen und Muscheln (können auch entfallen)
- Floristenband

Kleben Sie auf einen festen Karton zuerst das Schmirgelpapier (nicht umsonst auch „Sandpapier“ genannt). Darauf kommen dann Rasen und Wasser, beides aus dem Sortiment Eisenbahnzubehör. Kleben Sie die beiden Papiere nur am Rand mit doppelseitigem Bastelband fest, damit Sie später einige Geldscheine darunter verstecken können.
Umwickeln Sie einmal zwei und einmal drei Palmen mit grünem Floristenband zusammen. Wenn Sie wollen, können Sie diese Teile auch aus Pfeifenputzern (Chenilledraht) selbst herstellen.

Damit die Stämme Halt bekommen, kneten Sie je eine halbe Stange Knetmasse gut weich, formen Sie daraus unregelmäßige, halbrunde Gebilde und wälzen sie sofort in dem Streumaterial Rasen. Solange die Knete handwarm ist, haftet das relativ feine Pulver von allein.
Nun können Sie die Palmen einfach hineinstecken. Zum Befestigen auf dem Untergrund eignet sich die Heißklebepistole. Mit ihr wurden auch alle anderen schmückenden Teile wie der Sonnenschirm, die Brille, die Steinchen und Muscheln geklebt. Die größere Muschel mit dem Geldschein ist mit einem Klebepad am Liegestuhl befestigt, ebenso die Früchte in der einen Palme, die vorher von den Holzpickern (Party-Spießchen) abgeschnitten werden.
Wieviele und welche Geldscheine Sie wo unterbringen, können Sie selbst entscheiden. Der Clou dabei ist der mit einem Geldschein „bezogene“ Puppenliegestuhl. Nehmen Sie dazu Fotoklebestücke oder Klebstreifen – beides lässt sich vorsichtig wieder abziehen, ohne den Schein zu beschädigen. Ebenso ist der um den Giraffenhals gewickelte Geldschein befestigt.
Schließlich können Sie die kleinen Fähnchen beschriften und in die Knetmasse stecken, aber auch ohne den Text ist dieses Geldgeschenk leicht zu verstehen.

FÜR
EINEN
TRAUM-
URLAUB

Steckenpferd

Sie benötigen:

- Geldschein nach Wahl
- 1 kleinen Blumentopf
- etwas haltbares Grün
- Steckmasse
- 1 Rest weißen Karton
- 1 Holzstab (Hobbyfachhandel)
- 1 Holzperle (Hobbyfachhandel)
- 1 Tierauge (Hobbyfachhandel) kann auch aufgemalt werden
- ca. 45 cm Geschenkband, 4 mm breit
- ca. 35 cm Franse (dreimal genommen bei Seidenfranse), 4 cm breit (oder schmaler)
- 1 gestieltes Papierherz (Hobbyfachhandel)
- selbstklebende Buchstaben
- Filzstift
- Klebstoff
- Schere

Basteln Sie zuerst das Steckenpferd (siehe Musterzeichnung). Kleben Sie zwischen die Kopfteile Seiden- (oder Baumwoll-)fransen und auf die Vorderseite das Auge. Dieses können Sie natürlich auch aufmalen.

Auch die „Trense" und den Stecken befestigen Sie, bevor Sie die beiden Teile zusammenkleben. Dann binden Sie das Steckenpferd mit dem zusammengerollten Geldschein an einen festen Draht und stecken alles in den kleinen Blumentopf. Diesen schmücken Sie zuvor mit etwas haltbarem Grün.

Zum Stecken eignet sich Kneti oder Trockensteckmasse. Als letztes platzieren Sie das beschriftete Herz und knicken es seitlich ein wenig ab.

Buchgeschenk

Sie benötigen:

- 3 Reste Karton (für Umschläge)
- 3 Reste Geschenkpapier, gemustert
- 1 Rest Geschenkpapier, uni (für „Buchrücken“)
- 1 Rest weißen Karton (für „Seiten“)
- ca. 0,80 m Geschenkband, 2 cm breit
- Abreibebuchstaben
- 3 selbstklebende Herzchen
- Cutter, Schneidelineal, Unterlage
- Klebstoff, Klebekissen (-pads)
- Schere

Die drei „Bücher“ sind nach der Musterzeichnung schnell zusammengeklebt. Wenn Sie Zeit sparen wollen, können Sie diesen Gutschein natürlich auch mit einer Buchattrappe gestalten. Bekleben Sie jeweils als erstes die Buchumschläge mit Geschenkpapier und den unifarbenen Buchrücken. Kleben Sie dann die Streifen für die „Seiten“ zusammen und dieses „Innenleben“ jeweils mit den Textbändern zwischen die Umschläge. Den Text aus Abreibebuchstaben platzieren Sie vorher auf den Stücken Geschenkband. Als letztes arrangieren Sie den „Bücherturm“ und befestigen die Bücher untereinander mit Klebekissen (-pads).

Haus und Garten

Dachausbau

Sie benötigen:

- Geldscheine nach Wahl
- Legogrundplatte nach Wahl
- Legosteine nach Wahl
- Legofenster nach Wahl
- 1 Papierstreifen
- Filzstift
- Schere

Legosteine gibt es in vielen Haushalten in rauen Mengen. Sie können damit kinderleicht eine liebevolle „Ummäntelung“ für das Geld bauen. Lassen Sie Ihrer Phantasie für das Haus freien Lauf.

Der Witz der Idee „Dachausbau“ liegt bei diesem Modell in dem unmotiviert aufgesetzten Fenster. Sie können genausogut ein Haus mit halb fertigem oder fehlendem Dach bauen.
Wenn Sie diese Idee originalgetreu nachbauen möchten, beachten Sie bitte eines unbedingt auf dem Schriftstreifen: Das Wort „Dachausbau“ muss andersherum geschrieben werden als die anderen Wörter. Sonst steht die Schrift nach dem „eleganten Schlenker“ des Papierstreifens an der rechten Seite auf dem Kopf. Die Geldscheinröllchen sind mit Fotoklebestücken befestigt.

Gartenarbeit

Die Ausführung dieser Idee ist so einfach, dass sie selbst denen gelingt, die von sich behaupten, zwei linke Hände zu haben. Außerdem können Sie die Materialien bei der Einlösung des Gutscheins gleich verwenden.

Sie benötigen:

- 1 Paar Gartenhandschuhe
- Zeitungspapier
- 2 Tüten Blumensamen
- ca. 50 cm Schleifenband, 1 cm breit
- ca. 45 cm Schleifenband, 3 cm breit
- weißen Karton
- Filzstift

Stopfen Sie einen der beiden Gartenhandschuhe mit Zeitungspapier aus und binden Sie die Handschuhe und die Blumensamentüten mit dem schmalen roten Band zusammen.
Dann knoten Sie die breitere Schleife fest und binden über dem beschrifteten Gießkannen-Anhänger das schmalere Band nochmal zu einer kleinen Schleife.

Rasen mähen

Mit diesem originellen Gutschein werden Sie sicherlich nicht nur jeden Gartenbesitzer erfreuen, sondern auch zum Lachen bringen.

Sie benötigen:

- 1 Passepartoutkarte, Karton
- Schäfchen, Hecke, Ministräucher (Eisenbahnzubehör)
- 1 Papierstreifen
- Schere, Klebstoff oder Heißklebepistole
- Filzstift

Schneiden Sie zuerst ein Stück Rasen zu, das an allen Seiten etwa 1,5 bis 2 cm größer als der Passepartoutausschnitt ist. Kleben Sie den Rasen hinter das Deckblatt und versäubern Sie dieses innen mit einem zweiten Karton, der nur wenige Millimeter kleiner als die Karte selbst ist. Viele im Handel erhältliche Karten werden direkt mit passendem Zweitblatt oder dreiteilig gefalzt angeboten. In diesem Fall vergewissern Sie sich vor dem Kleben, welche Karte die kleinere ist, damit Sie Ihre Karte richtig falten können. Wenn der Klebstoff getrocknet ist, wird die Vorderseite der Karte gestaltet. Schneiden Sie die Sträucher und Hecke auf die von Ihnen gewünschte Länge zu, verteilen Sie die Schäfchen auf dem Rasen und kleben Sie alles fest.

Zuletzt wird der Papierstreifen beschriftet, auf die Karte geklebt und an den Rändern sauber der Karte entsprechend geschnitten.

Tipp: Wenn Sie einen luftgepolsterten Briefumschlag nehmen, können Sie plastische Karten auch mit der Post verschicken.